Falsches Grün und feuchtkühle Räume

Georg Huskeip

Bibliografische Informationen der Deutschen
Nationalbibliothek:
Die Deutsche Nationalbibliothek verzeichnet diese
Publikationen in der Deutschen Nationalbibliografie,
detaillierte bibliografische Daten sind im Internet über
http://dnb.dnb.de abrufbar.

© 2019 Georg Huskeip
Herstellung und Verlag:
BoD – Books on Demand, Norderstedt
ISBN: 9783749485932

ohne Titel 77

die wir unsere Kraft
aus unseren gebrochenen Herzen ziehen
liegend im Tal
das der Himmel
schwarz überdeckt
wir, die wir Kraft schöpfen
aus nicht erwiderter Liebe
über unseren nackten leuchtenden
Körper braust der Sturm
zwischen den Felsenklippen
und die Blitze zucken aus
schwarz-melierter Masse,
der gepixelten
doch während andere
sich fürchtend ducken
lächeln wir
und denken: mehr
Mehr!

Durch die Bilder

wir halten es mit Yves Klein
und Gottfried Benn:
keine Farbe - außer blau
nur morgens früh
im Vorsonnenlicht
grüßt uns Kirchner mit
weiß, türkis, orange und rot

Lyrischer Roman

1

erinnerungsbrodeln im café
allein
die worte nur gewechselt mit der bedienung
einen milchkaffee
später noch einen
es tanzt im herz die lust nicht mehr
die wolken verwoben in grauschlieren
der asphalt leuchtet herein
was ist das? lautet die frage
nimmermehr wird es das werden
das handy stumm auf laut gestellt
rührend im café

2

die neue erinnerung die schwere
an berauschte nächte voll fleisch
zieht krähend vorbei
lässt sitzen den einen
hunde spielen mit dem essen
über erlauchten höhenritten
hinter der stirn taucht immer wieder
der dunkle see auf, der frisst und ätzt
damals als noch nichts
ein alter hatte

3

der verbündete kündigte neue verträge an
inakzeptabel, da mehr herausspringen könnte
lächelnd lief der schwarzekleidete vorbei

lauf weiter, lass mich hier mit dem vertrag
wasser von der stirn gefallen
keimzersetzt, aber milde
lachend noch eins und noch einen
ich komme von weither
aus sonne und wind von den bergen voller scherben
ich komme von weither
aus sonne und wind von den meeren voller wogen
eins lass uns sein
der verbündete geht

4

in sanftem gras so grün
nah, aber nicht eng
in die blauen seen
in die braunen tiefen
spiel um schlag und nacktheit
die schnecken tanzen
die hüften schwenkend um sich herum
nur hier, die ewige zahl zwei
rast am ende, abseits des kreises
aufeinander, kindlich und frech

5

die flügel des vergehenden
breiten schatten auf den flug
im verborgenen bleiben
nachts in hauseingängen
und die vögel fliegen unaufhaltsam
weiter in ihre abgründe

doch stets wieder kommt der frühling
der übersättigtes grün bringt
in sein glas legte der wandernde
täglich seine hand

6

das kindliche lachen
augen wie lsd-bäder
umschlingen warm und zart die tentakel
tränen ein einziges mal
nachts ein anruf
das Wasser bleibt ungekocht
strebt sich hinfort in vegangenheit
lässt die zukunft stehen
wartend an den schienen
erklärungen
geschwängertes nichts bleibt ungeboren
als kleines wort am rande eines schluckes

7

der feind umgibt das land
rettung durch gedrungenen regen fließend
engelland marschiert an der seite
die spione der jugend verblassen
im rausch der gedrückten klinken
bleibt ihr auf anrufbeantwortern gespeichert
die sonne schien in den garten
lang ersehnte wärme im glimmen licht
sieg schließlich geheim im dunkel

8

an den überwucherten pyramiden
starb erneut ein lächeln
und gab raum für neues
die labyrinthe sind eng und schwarz
die unendlichkeit wird gebeugt
alltägliche bedürfnisse fressen stücke

ohne Titel 10

der kleine dunkle Junge
stürmt schwitzend über den Platz
er fuchtelt mit großen Augen herum
und ruft seinen Mitspielern
aufbauende Worte zu
und hoch darüber
streiten sich die steinernen Masken
immer noch über
das All und das Ganze
grau werden sie sein
zerfallen und halb in Trümmern
wenn der Junge
ein Mann sein wird
und alle sich fragen
was die Masken noch gleich wollten

Frühlingsbaum

in der Industrieruine
grüner, treibender Baum
waldlos, gesund, Himmel: blau
im Erwachen auserwählt
zwischen Kind und Kindern
treibt die blanke Würfelfläche
"durch Meere ziehe ich" einst geschrieben
aus dem Morgen in den Tag

dreiflächige, glatte Haut
umwebt meine Küste an zwei Ufern
der modernisierte Wohnturm als klares Grau
ist warm und hilfsbereit

Hurra

er sitzt in seiner warmen Hütte
und draußen ist es kalt
keine Fenster hat die Hütte
er kennt nicht den tiefen Wald
sein Heim hat er noch nie verlassen
es mangelt ihm nicht
doch seine Unwissenheit muss er hassen
es treibt ihn hinaus ans licht
dort draußen ist es kalt
aber hell klar und weit
er kann jetzt alles sehen
und ist gar freudig und entzückt
von den Wölfen und den Rehen
seine Hütte ist ihm entrückt
am Abend muss er draußen erfrieren
doch das stört ihn nicht
muss er doch nun nicht mehr gieren
nach der kalten Welt warmen Gesicht
er legt sich hin auf das Bett der ewigen Ruhe
und merkt wie sein Leben geht
doch sein letzter gedanke ist freudig
Hurra ich habe gelebt

Im Grünen

irgendwo zwischen Internetpornos,
Promotion, Pädagogikvorlesungen, Poesie,
zwischen Linien hinter Segeljollen, Automüll,
Abwasch, Kneipen, Pärchenabenden, Büchern,
Fernsehen, Radionachrichten, Facebook,
der zauberhaften Bedienung mit dem
braunen Haar, den Alkis im Regen,
den Pöblern am Bahnhof, grauen
Regennächten, Straßenlärm, Meeres-
rauschen, verdreckten Küchen, Pizza-
lieferservice, Kino am Wochenende,
Schach, Kicker, Hitlerdokus, Fahrradparkplätzen,
Handyladekabeln, Holzfußboden und Wlan,
Geschwafel über die 50er Jahre, ödem Sex, Strand im
Sommer,
Strand im Winter, Sehnsucht nach
den Brüsten, Gedichten, Lyrik und auch
internationale Vorträge, Jetleg, Gebirge,
Wüste und Hühnchen mit Reis
Musik
irgendwo da, in diesem brodelndem Kessel
hocke ich unbeweglich zwischen drei Achsen
auf denen all das als grüne Koordinaten
eingezeichnet ist
irgendwo tief im Grünen
völlig umstellt
völlig überfordert
völlig allein

Mittelfeld

tragisch oder siegreich
nichts dazwischen
der blutende Legionär
der triumphierende General
blutend, dreckig, verschwitzt
Leid strahlend
Glück trinkend
sollen die anderen
glatt, bemoost
im Mittelfeld spielen

Melancholie

ich trage Blues
quer über mein Herz
von einem Saxophon gespielt
warm, langsam, dunkel
quer über mein Herz
du sagst ich sähe traurig aus
ich sage: stimmt vielleicht
es ist aber nicht schlimm
ich lebe, es wird jeden Tag besser
ich kämpfe mich zurück
lass mich nur gerade wieder
diesen Klängen meines Herzens lauschen

Dem Meer so nah

dem Meer so nah
werden die Zähne repariert
und die Hornisse zerschlägt man
mit den eingerollten Notenblättern
dem Meer so nah
während um mich die Wolken steigen
bleibe ich hier unten im Asphalt
und strebe weiter zu den Gipfeln
bleibe immer und immer
dem Meer so nah

Drittes Grün

noch im Herbst sind die Berge
um Kassel so dicht
und grün
die Straße, bis zum
überlaufen dicht, könnte
auch
durch den Dschungel
führen, nördliches
Amazonien
und alle, die auf der Straße
unterwegs sind
sind auf der Flucht, auf
der Flucht vor Winter,
Dürre und Verantwortung
auf der Flucht vor
Zwang und Angst vor
den eigenen Händen
in den Süden, in das
Unbekannte, Unbewohnte,
Unbesetzte, Dichte, enge
Grün

Insel

ich tauche in schwarzer See
bin blind, taub und geschändet
da merk ich, als ich durch die Höhle seh´
die im Boden beginnt und endet
einen Strahl von Licht
durch das Brackwasser brechend
ich schwimme dorthin und blicke hinauf
in meine Augen fällt die Sonne stechend
geblendet stoße ich ab und tauche auf
das Wasser wird rein und klar
die ölige Schwärze bleibt unten zurück
komme hoch wo ich nie zuvor war
auf klarem See seh ich Land ein Stück
zwischen den grasgrünen Hängen des Tals
liegt es mitten in frühlingshafter Frische
es duftet nach dem Geschmack
eines stillenden Mahls
ich schwimme zur Insel durch bunte Paradiesfische
erlange das Ufer mit frischer, ungekannter Kraft
nehme das mir bereitete Mahl mit aller Geruhsamkeit
und merke, ich habe es zum Licht geschafft
bei ihm will ich bleiben in Ewigkeit

Ihr Nornen

alt bin ich und impotent
ihr Nornen schneidet mir
den Lebensfaden ab
mein Körper wird überleben
und ist ein gutes Gefäß
mich wieder
aufzunehmen
kommt schon, tut mir den Gefallen
schneidet den Faden ab
tödlich getroffen liege ich
im Sterben hier
zwischen all den Heiligtümern
deren Inschriften
so nichtssagend geworden sind
nicht mehr
zu entziffern
hinaustreiben will ich
in die nächtliche See
eine Rose nur
sternenbeschienen
in die Tiefe sinken
nur den Samen laßt mir
ihr Nornen
und pflanzt ihn
an ferner Küste
im Licht

Brille, Bart, Langeweile

ich will ein anderer gewesen sein
als der ich wirklich war
anstatt ein besserer werden zu wollen
als ich wirklich bin
(und nun gut, vieles war nicht schlecht)
und ganz ehrlich, vieles war sehr gut
nur manchmal schlägt das Plusquamperfekt
(was ich gewollt hatte)
so lang aufs Präteritum
(wie es dann war)
bis das Präsens
(gut, ist klar)
einknickt und das Futur hinten an stellt
(und darauf kommt´s ja an)
aber wie gesagt:
manchmal nur manchmal

Todeslied der Kawesqwar

ich verlasse diese Welt
wie alle sie verlassen müssen
alle vor mir
alle nach mir

ich verlasse diese Welt
und bin schon nicht mehr Teil von ihr
nichts ist mehr
alles wird

ich verlasse diese Welt
und blicke zurück
auf geliebte, gebährende Frauen
und aufgehende Sonnen

ich verlasse diese Welt
und ich kann sagen
ich war ein Mann
ich war frei

ich war und ich bin

Freischwimmer

die Sprachlosigkeit ist ein kalter Fall
in einen ständig neuen Morgen ohne Sonne
Erinnerungen sind wärmende Feuer
auf Eisschollen ohne Paddel
Leben und Sterben in Freiheit
aber manchmal in sternenlosen Räubernächten
so treibt es in unaufhörlichen Neuheiten
dahin
das Meer, Leben genannt
aus dem wir auftauchen
in das wir absinken
jeder
Hauptsache: Freischwimmer

Wasserbefinstert

über meinem Kopf trage ich
einen schwebenden, unsichtbaren Eingang
schlüpfe ich hinein, um zu ruhen,
sehe ich, leicht schwebend, die anderen wie durch
Wasser um mich herum
sie sehen mich nicht mehr
gehen vorbei auf den Steigen
schnell vom und zum Gleis
keiner stößt mich, rempelt mich an
doch suche ich Schlaf, bleibt immer alles hell
schließe ich mit schwarzsamtenen Vorhängen
die wasserbefensterte Welt
doch oben bleibt das weite Hallendach
unten das kalte Steigpflaster
hell und kalt, widerhallend von Schritten
Rufen und Durchsagen

Er muss kommen

er sitzt da
und ist erkaltet

fällst du die Gebirge herunter
lass die grünen Gletscher schmelzen

Herz und Seele dahingeschmolzen
einst geflossen in porösem Stein

Hallo Winter, ertönte der Ruf
lege Dunkelheit, Kälte, Stille aus

es gefrieren die Bäume
der Vogelsang entschlief

alles ist verknirschtes schweigen
das wasser droht gefroren

den Stein zu sprengen
ihn zu legen in tausend kleine Brocken

doch ein guter Geist schickte Feuer
zu wärmen Stein, zu schmelzen Wasser

nicht Ende des ewigen Winters
doch zu warten auf den Frühling

der kommt

Sommerspaziergang

die Krallen des Panthers sind geschnitten
der letzte Pfeil des Jägers verschossen

die Toten pfeifen ihre Liedchen
aus den Gräbern im bestellten Acker
danach wird in Blumentracht getanzt
nur auf Gräbern darf ich nicht
will es aber

und plötzlich
scheint der Himmel wieder unendlich
einsam, still und leer
ist des Kriegers Heimkehr

der Weg fährt durch den Tunnel
hell beleuchtet spielen dunkel und neblig die Schatten
zuerst gut sichtbar, still, unbewegt den Aristoteles
dann im Bewegungswirbel irgendwelche Mystiker
die geküsste Hand an ihrer Stirn

Nebelgestalten zu Figuren verweht
in warmer Sternennacht
erkaltet und erfroren in der Morgensonne
gestoßen ins Meer der Traurigkeit
tot durchs Leben schlendernd

Meer überschwemmt die Augen
allein, so allein unter vielen
nicht einmal Flüsse reichen die Hände

nur Altes beruhigt
ein Schattenmeer das darüber zusammenbricht

die einzige Möglichkeit die Flammen
der Erinnerung zu löschen
sind Tränen der Einsamkeit

die einzige Möglichkeit die Flammen
der Einsamkeit zu löschen
sind Tränen der Erinnerung

das Wasser: ruhige See, wildes Rauschen,
Regen, stürmisches Meer, Wogen, Gischt, kochend
Dampf, Wolken, Eis, Gletscher
bloß nicht verdursten
bloß nicht ertrinken

vor ein paar Jahren
kannte ich einmal einen netten, jungen Mann
den ich wirklich mochte
heute kann ich mich nicht mal mehr
an seinen Namen erinnern
und kann mich nicht leiden

keinem fiel auf, dass
Kompensation statt Konversation gesagt wurde
im Land der wunderschönen
tödlichen Einsamkeit

die sich spiegelnden U-Bahnfenster
in der lackierten, polierten Decke
na, los alter Freund
schwimmen wir los
aber ich nicht!
ich bleib nicht stehn
ich werd weitergehn

die Wiedergeburt aus der Traurigkeit
Regen auf trockenem Sand
im warmen Winterlicht der flachen Moore
die sich wie dunkelvioletter Schatten auf das Land
legen
ein kleines Tick
im großen Tack

ein Fisch im Meer
ein Falke, beobachtend und er stößt zu
ein Elefant, der nicht vergisst

Die Toten

wieso nicht freundlich lächelnd
sich die Hand gegeben
und hiergeblieben, mit den Rasierklingen
im Herzen
keine Tränen waschen aus
ich reite die Schwalbe
weiter
und es gibt nichts mehr zu sagen
eine macht noch keinen Sommer

so schlafe ich weiter
und du bist stets mit mir
deine Haare umarmen mich
hinter den Schatten immer noch

hart bin ich geworden
als die Sonne stieg
und doch nur, da um mich
allein
das Lachen kehrt zurück
in schwarze, kindliche Augen
sind schließlich die Toten und stumm
und der Sommer erhebt sich erneut

Tagsturm

ich reite durch den Sturm
den unabwendbaren
seine brüllende Kraft
die stillschweigend durch
alle Sonnentage fegt
junge Pärchen, lächelnde Rentner
Familien mit kleinen Kindern
sonntags im Park
dazwischen reite ich
nur ich ganz allein
der Himmel dunkeltief verhangen
Hagelschlag in durchschliertem Blick
jeder Blitz kann mich treffen
wenn ich nicht Schutz suche
dann und wann
im hanglagigen Ziegenstall
halboffen und stinkend
aber offen
fressen sie hier
mein Futter der Wörter
und der Sturm tobt weiter
macht nichts
bin ein guter Segler

13

dreizehn
heilige Zahl der Maya
nein, nicht heilig, perfekt
dreizehn
Kerzen in der Kirche in San Juan
zur Reinigung zum Wunsche
nach Stärke und Reinheit des Herzens
dreizehn
Augenfarben der Liebe zum Blicken
rote Kerzen für die Liebe
gelbe Geld, schwarze Trauer
weiße zur Reinigung
entzündete dreizehn für
mein Herz
sei stark, sei groß, sei rein
liebe!
dreizehn Kerzen brannten
in einer großen Flamme
für
dreizehn

Seerosen

die letzte Schicht
der letzte Schacht
bringt unverhofften Reichtum noch
blaue Himmel, klare Sterne leuchten
Seerosen haben den Winter überlebt
treiben siegessicher durch letzte Schollen
dunkelvioletten Eises
auf warmen Inseln zu speisen
die Augen neuer Generationen
so werden letzte Worte
letzter Sätze letzter Seiten
geschrieben
im klaren Licht der Frühlings
und vielleicht
sind sie die ersten
wenn Rettung gesprochen werden muss

Giftschlange

nur zur falschen Zeit, wie man sagt
als wir das Wespennest mit
Pferdeäpfeln ausräucherten
kleine Jergón de la costa
mit zwei Spaten haben wir,
die Arbeiter, dich zu Boden gedrückt
mit der Spitzhacke den Kopf
eingeschlagen, die du dich verstecktest
zwischen den Steinen über den
Gräbern, die wir suchen
schön und ruhig wie alle
deiner Art die mir ihr Gift
tief ins Herz spritzten
einer sagt: „eine halbe Stunde hat man
noch, dann ist es aus"
eine halbe Stunde zum Auto
eineinhalb Stunden zum Krankenhaus
ich hätte es wieder
nicht geschafft

Der mordende Dieb

im Speer der Mann
das Meer in der Pfandflasche
Kiesel werden sandig zerrieben
es liegt auf der Lichtung
entblößt die Aphrodite
im Tosen der Zeitungsblätter
vergessener Aufschrei
der von Dionysos geschändete
der Mörder Apolls
der dem Hermes das Rechnen
und der Athena die Weisheit stahl

Erinnerung 2

Füße über feuchtem Sand
hinterlassen leichte Spuren
als ein Schmetterling sie fand
jenseits aller Uhren

da schwappt das Meer von nah heran
findet, küsst und füllt die Spuren von dem Tritt
als alles sich in Herkunftsfragen noch versann
ging das Meer und nahm die Spuren einfach mit

nur der kleine Bunteflügelschläger
erinnert sich des Abdruckweges doch
aber, wie gesagt, er ist bunter Farben Träger
vielleicht schluckt nicht das Meer
aber der Wind ihn noch

ich bin eine Metropole voller Lust

ich bin ein Wald in Winternacht

ich bin ein hochbewegtes Meer im Herbst

ich bin ein Spiegelsee unter flimmernder Hitze

ich bin ein Club voller feuchter Studentinnen

ich bin zwanzig Kilometer Buchregal

ich bin der einzige Mensch in der Wüste Erde

ich bin ein V-formatierter
      Wildgansschwarm am Himmel

ich bin die Faserkabel am schwarzen
      Grund der See

ich bin dein Meister und Lakei

ich bin frei, arm und barfüßig

ich bin der Weg

ich bin das Ziel

ich bin der Anschlag, der Geheimdienst
      und die Betäubung

ich bin du, aber ich bleibe

Stöcke

der Fahrstuhl wackelt
als wir drei zum zwölften Stock fahren
er schwankt, als ob er gelöst
in der Röhre baumelte
im sechsten Stock kommen wir
raus es geht zu Fuß weiter

warum zögerst Du?
ich trage doch noch das Moos
in der Fläche meiner Hand
folgst Du nicht mehr

in der Grube, eng, tief, quadratisch
warfen sie mir Erde
auf die Füße

ich bitte nur: „möge" mir
„die Erde leicht sein"
aber ich weiß doch:
die Erde rettet mich
ist Stufen in die nächsten sechs Stöcke
ist Erde für mein Wurzelreich

Am Hafen

der Hafen liegt stumm, taubmachend
tot, ausgestorben, schluckt jedes Geräusch
dumpf kommt noch der Wind von Nordwest

am Pier arbeiten Freiwillige an alten Schiffen
nach Arktisforschern benannt, die kaum
jemand noch einzuordnen weiß

auf der Werft gegenüber liegen zwei
U-Boote, eines klein wie ein Kinderwal
sie sollen die modernsten sein, die es gibt

ich stehe, frierend, in der diesigen Luft
warte auf etwas nicht klar bestimmtes
und eine Yacht versucht kreuzend
langsam aus der Bucht Höhe zu machen

Schiffssegel

der Vorhang bläht sich im Zimmer
gleich einem Schiffssegel, blutrot
eenn wir seine Farbe sehen
schmecken wir immer den Geschmack des Windes
erinnern uns an Luft in horizontenem Blau
trotzdem kriechen Spinnen in die Speiseröhren
gleich der Angst die uns beim Wind
ins Zimmer überkommt
die Papiere könnten verweht
die Ordnung gestört
die Ideen verloren gehen
dabei ist´s nur Wind von draußen
der den blutroten Vorhang des Todes
bläht, wie das Segel eines Schiffes

auf der Autofahrt kleben mir
die schläfrigen Lider fest
habe ich im Schlaf geweint?
dort draußen ziehen gerade die
Urwälder und großen
Bauernhäuser vorbei – weites Land,
baumumringt
letzte Zeugen meiner Heimat
und jedesmal, wenn ich unter Mühe
die Augen öffne laufen längst
geweinte Tränen an meiner Nase
hinab
ich will nicht, dass
du sie siehst, schließe sie schnell
stelle mich schlafend
durch die Schlieren schlagen Farben
und Licht auf mich ein, ganz
kurz nur
bleiben sie dennoch zwischen Lidern und Augen
leuchten sie von hinten in die Augen
hinterlassen Farben im Kopf

Winterschlaf

das Quaken der Frösche
hat sich für dieses Jahr
gelegt

ich kenne alle Wetterlagen
dieser Welt und rieche
Regen 45 Minuten, Gewitter
35 Minuten
zuvor

Jäger und Fallensteller
werden nicht mehr gebraucht

und ich träume weiterhin
von Nachtfahrten durch
unbekannte Städte
auf regennassen Straßen

Das Haus in der Quinta Normal

die Schaufelmonster vernehmen
den Klang der Abrisskugel
und die Männer mit den Helmen
beginnen zu arbeiten
reißen die Fenster heraus
verbrennen die Möbel in Wolken stinkenden Staubes
stürzen die Mauern
knirschen die Baggerketten
über den Schutt
knallen die Steine
in die metallenen Ladeflächen
letzter Klang des Hauses
kein Türklingeln mehr
kein Schlafatmen, kein Reden, kein Stöhnen,
kein Kinderlachen, kein Weinen, kein Geschrei,
keine Berührung, wie zufällig, am Oberarm,
kein ruhiges Lächeln über eine Nettigkeit
kein Gebrüll, kein Essen, keine Feste
mehr
nichts
von den Generationen, Jahren, Tagen
den Schritten, Gesichtern, Stimmen
der Klang, der Geruch, das Licht
für immer gestorben
nur die schaale Erinnerung
bleibt
und behauptet fortzuleben
tot, leer, weg
unerreichbar in der Vergangenheit
und was gebaut wird

ist ein Busbahnhof
für Fernbusse
ob die noch Häuser anfahren?

Kleiner Existenzialismus

er schwimmt seit Jahren durch
ein Meer aus Kotze
irgendwo dahinten, hat ihm einer
mit freundlichem Gesicht
versprochen
soll ein Ufer sein
doch die Kraft ist aufgebraucht
der Kotzgestank kaum noch
zu ertragen
und dann lässt er sich
auf kleine Inseln locken
besiedelt von Menschenfresserinnen
mit gut schmeckenden Mösen
mal nicht schwimmen
- oder treiben -
oder den Kotzgestank mit
Mösenduft vergessen
mal nur, hin und wieder,
zu häufig, zu oft
sie gewähren nur kurz Asyl
er ist ja Flüchtling, irgendwie
doch seine Feigheit bestrafen sie bald
mit Ausweisung
es wird ihm alles nichts helfen
danke, auch kleinen Inseln,
geht unter, ich wünsche Euch
1000 Tsunamis und Vulkansausbrüche
leidet, die ihr mich leiden lasst,
ich schwimme jetzt weiter
unaufhaltsam, bis ans Ende meiner

Kraft, dann ersaufe, verrecke ich
oder erreiche das Ufer
bald
wir werden sehen
bald werden wir sehen

ich folge der Straße dem blauen Glas zu
reibend, zerreibend an mangelndem Muster
zerstaubt und in Honig gelöst
erstehe ich stets neu im Spiegel
jeder Schritt nur eine dunkle Variation
des gleichen Stückes, wie im Jazz

Erstick mich

in der Ferne
rauscht der Zug
ich ruhe

in der Ferne
rollen die Bomber
ich ruhe

die Mückenschwärme fließen
durch die Gasse
ich ruhe

wachholdersüßes Honigbett
erstick mich

Der See

vor der Fähre
an der großen Brücke
retteten sie gerade eine Frau
aus dem Wasser
ich stieg hinab
benetzte Beine und Lenden
um sie zu nehmen
sie war ohnmächtig vor Kälte
ich trug sie hinein
legte sie auf die blanke Erde
ein Engel kam sie zu entkleiden
abzutrocknen und zu betten
ich ging ihr ein Schlafgewand suchen
ich suchte lang und länger
als ich endlich eines fand
erschien es mir zu durchsichtig
ich muß geschlafen haben
als ich aufwachte
ging ich zu ihr
sie spielte Schlagzeug
war wach und gut genährt
ob er schon angerufen habe?
da wusste ich bescheid
und blickte mit ihr durchs Fenster
auf den eiskalten, grauen See
über dem gerade
die Sonne versank

Der beflügelte Strahl

die Leere ist gefüllt mit Bäumen
und der Schiffer verhüllt sich
in Schweigen
auch sein Lächeln - verschmitzt
kann nicht darüber hinwegtäuschen
der Winter zögert noch
sich zurück zu ziehen

ich jedoch halte das Seil fest
umschlossen, gebe nicht nach
Schritt um Schritt wachsen
mir die bunten Flügel
deren gespannte Kraft ich schon
testweise gebrauche

vor mir fällt ein dünner Lichtstrahl
dreizehnmal gebrochen auf beiden Seiten
er ist warm, in dieser Winterlandschaft
da die Irrlichter flackern und anders sind
kann ich ihm getrost folgen

Die Stadt

diese Stadt bewahrt eifersüchtig ein Geheimnis
vogeläugig tut es sich auf
hier unten jedem

diese Stadt trägt ein Geheimnis
von dem ich nichts weiß
und das die Vögel unter tausendjährigen
Schwingen tragen
hoch, weit, oben

hier unten ein alltagsgefärbtes Chaos
kennen es die Frauen
doch im Augenblick ihres Willens zum Verrat
bleiben ihre Lippen verschlossen
von meinen

Der Fahrende

schwer beladene Schiffe

mit winkenden Besatzungen

allein sitzt die Frau nachts auf den Stufen

Flagge gehisst, abgefahren

abenteurerreich gefüllte Berge

in dunkle, tiefste Höhlen Licht

bringt der Fahrende mit Stift, sein Schwert

macht Bilder, formt Geschichten

neu neu durchflutet Herz

Reichtum in das Hirn, die Seele

dem Verhungern nah verfluchtes Leben

haben ihn gelockt

Kampf – rohes ungestümes Wort

so wahr

und legt zu Füßen alles

sich ihm er sich er ihr

doch hat gesiegt

fuhr sah forschte kämpfte siegte eroberte kam zurück

Auf dem langen Steg

da im graudiesigem Licht
der Abendsonne von Pimental
bin ich gewesen
auf dem langen Steg
der morsch ist und
mit Muscheln bewachsen
eine alte rostige Schiene liegt noch darauf
die Fischer stehen in ausgelatschten
Sneakern und neuen Hosen aus
grell leuchtendem Polyamid und
wollenen Mützen da
aus Plastikeimern nehmend den Köder
an der windabgewandten Seite
und unten tost ein wenig das Wasser
und am Horizont stehen dreizehn Schiffe
der Fischereiflotte in Formation
und auf der Reling springen die Möwen auf
als sie mich sehen
stehen zwei Meter vor mir im starken Wind
durch einen Kipper der Flügel
werden sie nach hinten geworfen
gewollt, grazil
sofort sind sie wieder da
auf Augenhöhe und stehen
unbeeindruckt da
fast, als lächelten sie und sagten
„sieh her, was ich kann"
als ich gehe
blättert einer der Fischer
alt, grau, drahtig, Sonnenbrille

eine Plastikfolie auf und hält mir
lachend ein getrocknetes Seepferdchen hin

Phantasmen

märchenhaft
diese riesigen Raffinerien
in der Nacht
in Schleswig-Holstein kenne ich eine
auf dem Weg nach
St.-Peter Ording
noch eine zwischen Bonn
und Köln
die schönste steht
in Holland, am dreistündigem
Weg ins Wochenendhaus
die mit den drei
großen Flammen
unzerstörbaren Fackeln in der Nacht
ich weiß
was die dort machen
aber ihr geformtes Licht im Schwarz
beleuchtet irgendeinen Weg
ich fahre immer nur daran vorbei

Am Herbstmeer

und du sagst Du glaubst
der Winter werde nach diesem Herbstjanuar
doch noch einmal wiederkommen
mit Schnee, so Anfang März

und ich denke in drei Jahren
so ungefähr spätestens
wird ein neuer großer Krieg beginnen
Putin, Olympiade, gekränkter Stolz der SU-Russen

und ich sage: ich kann mich
noch erinnern als Kind im März T-Shirts
getragen zu haben, wenigstens einmal
und du sagst: stimmt

früher waren die Sommer früher
man war auch mehr draußen

Tod im Leben

tausend Tode bin ich gestorben
jährlich, monatlich, täglich, stündlich
tausend Leichentücher habe ich zerrissen
tanze und koche und pulsiere
während im Zimmer nebenan
meine Totenmesse gelesen wird
und ich still zu Grabe gelassen werde

Gepiden

in den Morgenströmen fließt das Licht
anders und ich weiß
der Winter hat sich noch einmal
verabschiedet
am Hang rollt seelig und leise
die ganze Stadt hinab
mit ihren grauschwarzen-leuchtbunten Fenstern
und rot streichelt der Wind das lange,
gelbe Grass
kein Laut mehr, nirgendwo
und ruhig ziehen die Vögel
über das Meer
bald, ja bald schon
ziehe ich hinterher

Traum eines Ängstlichen

über meiner Brust weht
ein elektrisches Flimmern
gleich dem doppelten Regenbogen
doppelt gesehen
hoch oben über Machu Pichu
das eine Mal
drunter über den Minen
von Spiennes
das andere Mal
von der Seite
und das Flimmern strahlt
mir zwischen den Augen hinaus
kurz darüber
wohin mir ein Tamile einst
einen kleinen Punkt tupfte
saust und strahlt
an das gläserne Café
drunten an der Ecke
wo sich die Wege kreuzen
es ist Nacht, verregnete
und das Flimmern
wirft einen Kreis
an der Ecke
in dem nichts ist
und in dem ich doch stehe
dort bin ich gefangen
in einer länglichen Blase aus Glas
wie eine Lampensicherung
in einer alten Maschine
einem Verteilerkasten

einem veralteten Verteilerkasten
eingestaubt
nur hochkant und groß
ich will das Glas brechen
nackt stehe ich und drücke
doch als ich kurz aufsehe
ist alles nur noch Glas
das Café, die Straße, die
Ecke, der Regen, die Nacht
alles ist durchscheinend
alles von weißem Licht
erleuchtet
und ich stehe nackt
und weiß nicht
ob nicht alles zusammenhängt
und wenn ich die Kuppel
sprenge
dann zersplittert das alles
vielleicht
und ich stehe nackt
im Regen der Splitter
und verblute
im Nichts

Kunsthalle Bonn

diese Bilder
enstanden im Farbdunst
unordentliche, dunkle Zimmer
Zigarettenqualm, leere Flaschen
freidenkend, freigehend der Maler
der sich als Künstler denkt
den ich mir so denke
arm, innerer Drang, Drang zur Größe auch
nun sind seine Bilder
an zahnarztpraxisweißen Wänden beerdigt
nicht einmal mit dem Kugelschreiber
darf ich eine Notiz machen
in diesen heiliggemachten Totenhallen
haben die einfacheren Geister das Sagen
nur Lobhudelei
das Künstlichste, die Kunst
ist der Wert der Kunst
derzeit in Geld bemessen
ich gehe
den Namen des Malers
oder Künstlers
vergessen

ach ja ihr, ihr seid einfach toll
und nur für euch leben wir,
ohne euch würde sich nichts lohnen,
auch wenn wir immer behaupten,
ohne euch ist´s an manchen Orten
schöner. Stimmt nicht. Ist gelogen.
aber ein paar Sachen könnt ihr
uns schon noch lassen, einfach so,
damit wir euch weiter lieben. Und
ja, der Schmerz, den ihr austeilt,
ist der schlimmste. Aber im Ernst:
einer, der fast ertrunken ist, wird
doch auch weiter das Meer lieben
oder die Berge, auch wenn er
den dritten Zeh an die Kälte verlor.

Gedicht auf Verteilerkasten

ich träume ein Gedicht
weiß nicht mehr
wie es geht
ich hatte es in die Farbe
eines besprühten Verteilerkastens
auf dessen Rückseite
geschnitten
so einer in einer Wohnsiedlung
hüpft hoch, im Freien
es war gut, doch endete traurig
in den Himmel
hatte ich zu schreiben begonnen
doch das Ende
fand nur auf dem Kasten Platz
als es Nacht wurde und fertig
zerkratzte ich den traurigen Rest
auf dem Kasten
bis nichts mehr zu lesen war
ich erwachte, traurig
zum Glück ein neuer Tag
an einem Baum hängend sterbe ich gleich hier

diesen Mais gibt es bei uns nicht
und doch weiß ich: es gab ihn
da hinter dem Haus von Hinrichs
bevor das Neubaugebiet wuchs
und vorher hinter dem Haus von Schohmüllers
aus den Stoppeläckern ließen wir
Drachen steigen im sonnigen Herbst
vielleicht nur ein- oder zweimal
doch in der Erinnerung war es ständig

so schnell wie der Schatten
der über den Hang jagt
wenn die Sonne sinkt
hier auf 14°
bist du und genau so wenig
zu fangen

nicht zu fangen,
wie der Schatten, der über die Hänge streicht
wenn die Sonne sinkt

Wach

sturmgewehrumdampfte Supermärkte
in Wellen kalten Blutes
Sackbahnhöfe der Gedanken
die Hände verschmiert uhrlos
im Gezupfe der Basstöne
entspinnt sich die Melodie des Todes
käfererhängt baumeln an Tulpenfeldern
die Träume vom weiten Meer
Dunkelheit entsteigt den Kaffeeplantagen
und die Augen
bleiben wach

Der Kuss

in einem von diesen Seminarräumen
saßen vor mir
ein Junge und ein Mädchen
alles gähnte
und versuchte
sich auf den Vortrag zu konzentrieren
draußen ging der Winter vorbei
das Mädchen blickte traurig
den Jungen an
sprach leise mit ihm
hilfesuchend von unten
er schien zu hören
blickte aber
weiter nach vorn
sie war fertig und wendete
nun auch ihren Kopf
zurück
da drehte er sich zu ihr, ganz schnell
fasste sie um die Schulter
beuge sich über sie
und küsste ihr den Kopf
es ging so schnell
ich glaube nicht ein anderer
hat es mitbekommen

Im trockenen Bett

wir warfen die Netze aus
doch nichts lief uns hinein
auf den Bahnsteigen standen wir
eng umschlungen auf die Bahn wartend
kalter Wind und Nieselregen
waren unsere steten Begleiter
doch wir trotzten ihnen
und trotzen ihnen
aneinandergeschmiegt
im trockenen Bett

und gesagt

ungesagt
gegenüber dem Regen
die blaue Jacke hebt
das Bier
und der
Fahrradfahrer, alt, betrunken
im gelben Trikot
trottet vorbei
ins beschlagene
Fenster lächelnd
widerlicher Gestank
hier
Spargelzeit
der unrasierte Held
neben mir
abgehalftert
er ist schneller fertig
abschütteln
"Tschüß"
ohne die Hände
zu waschen

93 Mütter

ich liege auf Kugeln
doch ich schlafe gut
ausgeschwärzt die Haut, längst
nach Hause, aufgelegt, die Wut
so weich, fern und billig
immer diese Aufgeladene
ersäuft in Anzugspflicht
und hochgezogenen Augenbrauen
von nur 93 Müttern
stammen wir alle her
die Väter und ihre Zahl unbekannt
und eigentlich
egal

In der Fremde

als ich vom Bett aufsah
morgens durch das Fenster
war da der Dachstuhl des anderen Hauses
der Himmel war so blau
und die Backsteine so rot
ich fühlte mich im Norden
die Form des Daches war so klar
und alles war hell
ich fühlte die Heimat

hier im Zug allein durch die Nacht

ein Abteil nur für mich, Mittwochnacht
im Februar, zwischen Hamburg und Köln
durchs Ruhrgebiet; Werbefetzen in
belanglosem Englisch, Englisch ist immer belanglos,
der Mond wummert herunter und die Nacht
verhüllt die Scheibe, mein Spiegelbild zu wecken

und trotzdem: das Abteil: blau, holzbraun, buchen-
braun, Stahlleisten in den Holztischen, Steckdosen,
gläserne Ablagen
früher – grad mal 15 Jahre – da warn
die Sitze breiter, brauner Cord hat's getan, man
konnte sie
zusammenschieben, zu fast einer Fläche,
da lagen wir durch Tag und Nacht und Berge
26 und 28 Stunden, aus der norddeutschen Tiefebene
nach Rom
lagen, rauchten, tranken Bier, lasen;
Schickimicki verachteten wir damals schon

Ende der Welt

das Ende der Welt
ist der Anfang von allem
sagt ein Spruch in Ushuaia
beruhigend ihn zu lesen
und da zu sein
man geht entspannter
und kann einiges lassen
leb wohl verträumter Traum
schlaf und ruh hier
am Ende der Welt
ich geh
und werde
einen neuen träumen

Prädikat

mit den Füßen
streife ich
an den Sternen entlang
die Freiheit der Nacht
strafft meine Segel
durch leuchtberöhrte Busse
Menschenmengen mit
herabhängenden Mundwinkeln
und Sätzen die mit dem
Prädikat beginnen

Chilenischer Bergwind

leicht und leer
in Vergessenheit dahingemalt
liegen unerwacht den Schlaf noch kostend
die Berge unter mir
keinen König steichelte ich hier
im sanftesten Atemzug, dem letzten
nichts trage ich mit mir
wenn meine Finger durch die Sträucher fahren
zwischen den Bergspitzen die Rillen
tief durchpustend
beginne ich noch im Höhenzug sterbend
von der Zukunft dieser Täler zu träumen
die hoffentlich der Zwilling der Vergangenheit ist
schlaft wohl
ihr kindlichen Täler
und wacht nicht auf!

Weinen

der Mond so fahl
weht in mir
und weht nicht mehr heraus
prallt an alte Backsteinmauern
die Sterne geworfen von draußen

ich habe einen Menschen umgebracht
kann seinen Todesschrei noch hören
und wenn ich schlafe
träume ich manchmal
ihn leise weinen zu hören

Diese Zeit

in dieser Zeit der
Auflösung
in der alles verschwimmt
und vergeht
damit vielleicht
neues entsteht
sind du und ich
nur graue Fische
im grauen Schwarm
doch wir wollen
nicht mehr schwimmen

der Kopierraum, zunächst voll besetzt und wird mir frei

eine andere kommt und sagt: endlich;
noch vor kurzem waren die meisten kaputt
ich denke an den Papierstau letzte Woche
als ich mich umdrehe ist die Schöne wieder weg
egal, denke ich
da fliegt etwas durch den fensterlosen Raum
doch! es ist ein Schmetterling, ein Fuchs
seltsam, Ende November
noch seltsamer: ich bin der einzige, der ihn sieht

Der Gesang der Pythia

die aufschreiende Pythia verwurzelt mir
gegenüber am Ufer der See
über die aus dem Hafen die lodernden Frachter
fliehen, ihr Brennen zu
Rauchsäulen, den verstickten Himmel
zu stürzen
kein Lärm mehr im Leuchten hinter
ihrem schützenden Rücken
das Ufer übersäht von den Gräbern einzelner
Kinder hauptsächlich – die
ungeboren, etwa im Alter von zwei oder
auch drei Jahren
hineingelegt, von dunkelrotem, flüssigem
Plastik erst umschlossen
dann in Härte erstarrt eingekerkert zu
Stolpersteinen die Äcker entweihen
unverständlich ist der Gesang der Pythia
in meinem rechten Ohr
so höre ich kaum hin, achte mehr auf
die Musik die
von allen Seiten unterschiedlich auf mich
einschallt
bevor ich in tanzenden Schlaf falle und
die Augen schließe
wo waren denn die Priester – wenn man
sie braucht
mir den Gesang zum Erwachen hörbar
zu machen

Die zwei Musikanten

wir gingen nachts die Straße
und hörten aus einem Haus Musik
eine Frau bat uns hinein
und auf zwei Hockern hörten wir
Geige und Ayacucho-Harfe
sie fegten den verkrusteten Staub
die Musik war fröhlich und weihnachtlich
sie spielten nur aus Freude, Spaß
nicht weil sie mussten
nicht mit der alltäglichen Verbissenheit

Endlich wieder

endlich wieder
gibt es am Ende ein Licht
und ich weiß
es wird wieder Tag

endlich wieder
schmeckt mir
was ich esse und trinke
ich werde nicht verhungern

endlich wieder
kann ich ruhen
und zurückblicken
und lächle dabei

An meinen Rucksack

„Hat Dein Rucksack Flügel?"
„Hä?"
Hat Dein Rucksack Flügel
fragte der kleine Peruaner
vielleicht vier Jahre alt
und deutete auf den Hüftgurt
meines Rucksacks, der neben mir lag
„Nein", sagte ich, „das ist,
um ihn am Körper festzumachen."
„Aha", sagte er
und zog ab
doch in Wirklichkeit
hat mein Rucksack Flügel
kleine, schwere Flügel, die drücken
aber es reicht doch zu fliegen

Von oben

am Scheideweg sehe ich drei Menschen
ich bin hoch oben über dem Meer versteckt
sie ahnen mich nicht, es ist still
nur das sanfte Meeresplätschern dringt ins Ohr
unten steht ein Angler, gummihosengeschützt
das Meer hat seine Beine geschluckt
ruhig sieht er seinen Schwimmer wanken
seine Angelrute zischt kurz beim Wurf
eine Reiterin prescht vorbei im wilden Galopp
vornübergebeugt lenkt sie das schnaufende Tier
lautes Getrappel und das spritzen des Wassers
zerreißt die Stille
eine Frau von Norden, leise, langsam
die Hände hinter dem Rücken versteckt, grübelnd
wem kann ich folgen, ohne verloren zu gehen

wer weiß

und mir ist so
als ob ich meine Schädeldecke abnehmen könnte
wie eine warme Mütze
oder einen Hut
und könnte direkt
die Gehirnwindungen streicheln
wer weiß
vielleicht würde es ja helfen
endlich aufzuwachen
und zu begreifen

Berglied

der streifende Bergwind
spielt ein Lied
auf meiner Trinkflasche
groß, breit, erhaben und mächtig
dieses Lied
spielt er für mich allein

Am offenen Fenster

ich sitze am offenen Fenster
und mein Körper hat schon
jedes Gefühl von sich gegeben

es ist nichts mehr hier
nur das Brummen der Himmel
links von meinem Auge

schräg gegenüber, an der Kreuzung hat ein Kind
nicht auf die Ampel
geachtet

nun liegt es da in einer Lache
Weißkittel und Blaulicht darum
und das alles im Lärm der Stadt

Die hinkende Stadt

du kannst deine Zeit nicht träumen
du kannst sie nur machen
ein Vogel versuchte das Auto zu unterfliegen
er hat es nicht geschafft

eine gediegene Massenexekution
eure nach Proskynese heischende
Coolness könnt ihr euch in den Arsch schieben
neu rot ich

ich und das Du
in Blöcke geschlagen ist die Wahrheit
nur noch verwendet zum Turmbau
dort eine halbleere, noch warme
Kaffeetasse, die stehen bleibt

Heimfahrt

da am Bahnhof nachts
nach rechts im Regen sieht man kurz
das Haus, da hab ich mit den Jungs gewohnt
zwei Jahre ungefähr, jung, smart, nichts
anbrennen lassen
eine halbe Stunde später
da links die Treppe runter zu Gleis 13
da ging es mal nach Hause, so richtig
in die Heimat, grün, blau, grau, braun, rot
knapp zwanzig Jahre und die erste
Liebe ist es her und führt heute
nirgendwo mehr hin – das stimmt
nicht ganz...
weiter geht´s ein paar Matrosen sehen
ernst lallend mich an, wir wissen
wir schwimmen im gleichen Meer
ein Mann mit tragbarem CD-Player
vermittelt schon Vergangenheit und echte
Entspannung

Sehnsucht nach Paläolithikum

einmal leer sein
und nicht den Schlägen der Tauben
nachspähen
die Krankheit tragen
unter den europäischen, arabischen, amerikanischen
Himmeln

einmal leer sein
wie früher
am Morgen des Lebens
vor Mittags
lachend und weinend
Regen tragend
und Sonne brüllend
die Plätze kriechen
wie Bienenwaben
geduckt, heiß, sonnig und schattig
in die Hänge der Berge
und über allem trohnt die Burg
die alle Nase lang
den Besitzer, den Herrscher
den, der den Ton angibt
für all das Treiben
wechselt

einmal wieder leer sein
und unbeschwert

News

langsames Anschleichen
Aufkeimen, Erblicken
Gerüchte kochen
Neuigkeiten im Umlauf
steigern sich zur Nachricht
Sicherheit reicht zur Gewissheit
dann zur gegenwärtigen Wahrheit
viel zu schnell vergessen
oder wer denkt noch daran?

...Waldsterben...
...Wasserknappheit...
...Hungertod in Afrika...
...Studenten in China...
...Ressourcenknappheit...
...Rote Liste...
...Arbeitslosigkeit...
...Ozonloch...

mehr fällt mir
schon
nicht mehr ein

ohne Titel 12

nicht ohne etwas zu sagen
nicht einfach so gegangen
ohne etwas zu sagen
ungefragt, ungefragt

aus Skepsis, Kritik und Misstrauen
werden Schiffsplanken heute geschnitzt
werden die großen Containerschiffe geschweißt
beladen mit allem Möglichen
Computer, Bücher, Autos, Antiquitäten
satellitengesteuert
Kliffe, Riffe und Packeis ängstlich scheuend
der alte Steuermann Neugier
längst zu teuer

antiseptische Skepsis
soll schützen
etwas als schlecht zu empfinden
etwas wie mit Farben schlecht zu malen
etwas Schlechtes zu sagen
darauf
nur darauf
die Satellitenprogramme
ist ja viel ehrlicher
greifbarer, wie ein Knüppel zum Prügeln
der Wagen schwer beladen mit
ehrlichen schlechten
unumstößlich, unangreifbar

auf dem Weg

etwas Gutes

ist ja nur der Wind

sieh Dir Afrika an

die traurigen Gesichter

morgens früh um fünf

im grauen Stadtbus

die ganzen silbrig-schmierigen

Badezimmerspiegel

der Wind

der weht und verweht

ist nicht zu tasten, nicht zu fassen

das Schlechte greifbar, beladbar, ehrlich

lädt er lieber

ungefragt

ich träumte: am Ende der Welt

da im Dachgeschoss, ein einsames Haus
im Wasser brauner Winterflut Hamburg
wohl in den Sechzigern, aber bald
und überall

ich träumte: wir froren, Du, deine Schwestern
ein kleiner Junge, den kannte keiner
hielten durch, drei Tage, dann war es aus
doch vorher sagte ich es dir und du lagst
warm bei mir

als ich es Dir sage
gilt deine Frage nur der Butter
und den Plänen des Tages

Brandenburger Allee

die blattgoldenen Granitengel
stürzen zu Boden ohne Laut oder Leiden
er läuft zwischen ihnen hindurch
fast gelangweilt treibend treibt er an
du weißt schon, ich will nur vergessen
die Teufel und vor allem ihre schönen Gesichter
über ihm und hinter ihm schwebt
ein Block, ein Damoklesschwert
das aufzulösen er gewillt scheint
und ich lasse ihn wachsen
bis sein Körper es verdrängt
mehr verdrängt als das Verdrängte
zu schwimmen hier durch diese
lichtdurchströmten, sanftgrünen Blätter
du wirst ihn schreiten sehen
über den Dreck der Engel und Blöcke
der abgleiten wird als Lüge in die Zeit
schade, du, er und ich fanden doch
die Engel schön und den Teufel schön
gut nur, daß preußische Planer
- lange bevor ihr Ruf sich verdunkelte -
diese gerade Allee anlegten deren Ende
mühsam zu erreichen ist, aber geradeaus liegt

Ein ertrinkendes Reich

aus dem Nebel taucht die Kathedrale auf
getrieben von müden Hirten
baumharzgetränkte Stimme in die man
Fieber eingeimpft hat
da startet er, gut ausgestattet
mit dem Gepäck der Jugend
der rote Kaktus am Wüstenhang
der Weg wartet
aber jemand hat ihn schon gebaut
amethystbezogen ziehen die Orkane
flußaufwärts, sind weiß vor nachtgrün

wir werden einander halten
wie im Winter, Frühling, Sommer, Herbst und Winter
die waren

und den Wintern, Frühlingen, Sommern
und Herbsten
die kommen
wir halten einander

Palenque

über den Dächern der Mayatempel

schwebt der Bruch

der Trinitatis

Religionen zerbrochen im Ruinengerümpel

und nur der Bruch, der Müll

bleibt dem Erinnernden als Erinnerung

morgen schon

könnte der Dschungel

der allesfressende

sein Maul wieder aufreißen

zuschnappen

zum Glück

nur wer bohrt

erhält Bewusstsein seiner Vergänglichkeit

nur wer bohrt

lass den Dschungel wachsen

Chinesische Teehäuser

die chinesischen Teehäuser
haben sich sehr verändert
sie haben elektrisches Licht
ein Computer macht die Rechnung
die Möbel chic und modern
genau wie die Kleider der Besucher
aber es sind immer noch
Chinesen im Teehaus
und der Tee, den sie trinken,
hat sich nicht verändert
seit zweitausend Jahren

und das Meer frisst sich
langsam in das Land,
wild, grün, unermüdlich
man könnte sagen
das Land wehrt sich
während es
weggelutscht wird
doch das tut es nicht
es liegt einfach nur da
taub und stumm
während das Meer
das lebende
tobt

Wochenendcowboy

er reitet weite Strecken
durch brennenden Wüstensand
fünf Tage lang
nur Kaffee und Bohnen
doch dann steht er breitbeinig
und selbstverständlich schußbereit
im Saloon der Eisenbahnstadt
bestellt Whisky – doppelten
spielt Poker und verliert
und nach zwei durchzechten Nächten
reitet er wieder einsam in die Prärie
und fühlt sich
als ob er die Bank überfallen hätte

wenn ich nicht weiß
was falsch ist
kann ich nie wissen
was richtig ist

Abgesessen

fade, leere Einsamkeit

hast Du sie je gekostet

allein unter dem Baum voller Äpfel

die Haut verledert

der Blick verstummt

im Wahnwitz einer Epoche

die Seiten des Dreiecks schließen sich

Nacht kommt

Klarheit im Innern

alles umgibt kalt den Regen

nichts als Stille in der Hand

Metrofahrt

in der Metro rauscht
gleich dem Leben unter dem Leben
der Tiefe
das Volk hin und her
wo es gebraucht wird
betritt es die Oberfläche
diese ständig fahrende Stadt
arbeitet, schafft und so weiter
doch unten in der Bahn
bleibt es trist, grau
weiß nicht wohin mit dem Blick
weiß nicht, was tun
hier, wo es rauscht
und pumpt, von Ort zu Ort
schneller als die da oben
als die Lebenden
im kurzen Tod auf Eis gelegt
überholen sie die Zeit
überholen sie die Lebenden
und in spiegelnden Scheiben
tauchen Gesichter auf
lachen weinend
aus den dunklen Schächten
die tot sind und leer, schwarz, beengt
keiner weiß, was hier lebt
jeder weiß nichts lebt hier
doch die Gesichter sind da
lachen aus dem Tod
wie ein geliebter Mensch
im Traum aufgetaucht

doch hinter der Scheibe
hinter dem Fenster geblieben
oh, du fremder Freund
da draußen, ja
im Tod, im leeren
irgendwo
lebst Du
und wir
fahren durch Metroschächte
im Dunkeln
und sind schon tot

Inhalt